Emily Dickinson

El viento comenzó a mecer la hierba

Emily Dickinson

EL VIENTO COMENZÓ A MECER LA HIERBA

Ilustraciones de
Kike de la Rubia

Selección y presentación de
Juan Marqués

Traducción de
Enrique Goicolea

Nørdicalibros
2012

© De las ilustraciones: Kike de la Rubia

© De la traducción: Enrique Goicolea

© De la presentación: Juan Marqués

© De esta edición: Nórdica Libros, S.L.
C/ Fuerte de Navidad, 11, 1.º B
28044 Madrid
Tlf: (+34) 91 509 25 35
info@nordicalibros.com
Primera edición: abril de 2012
Primera reimpresión: mayo de 2012
Segunda reimpresión: junio de 2012
ISBN: 978-84-92683-86-4
Depósito Legal: M-11875-2012
IBIC: DC / FX
Impreso en España / Printed in Spain
Gráficas EFCA
P.I. Las Monjas
Torrejón de Ardoz (Madrid)

Diseño de colección y
maquetación: Diego Moreno
Corrección ortotipográfica: Juan Marqués
y Ana Patrón

PRESENTACIÓN

La poesía, dicen, es la memoria del mundo. Sin ella, añaden, no seríamos capaces de comprender bien el pasado, no sabríamos cómo se ha constituido el presente y estaríamos completamente indefensos ante las puertas del futuro. La verdadera poesía, aseguran, no solo debe servir para agitar el planeta sino que de hecho no ha dejado de sacudirlo durante siglos y ha forzado o acelerado grandes cambios. Al parecer la poesía, aunque nadie la lea, penetra en las conciencias y en las naciones y da enérgicos empujones a la Historia, inventa y derriba dioses, funda y destruye regímenes políticos, declara guerras y mueve montañas… Y lo cierto, sin embargo, es que los más sublimes y profundos poemas que se escribieron en un siglo tan aparatoso, tremendista y sobreactuado como el XIX fueron escritos en la pequeña ciudad norteamericana de Amherst por una de las más sigilosas y solitarias mujeres de las que haya quedado noticia.

Además de ser escritos, en principio, exclusivamente para la inmensa minoría de sí misma, los de Emily Dickinson fueron, a un tiempo, poemas complicadísimos y simples, alegres y tristes, transparentes y enigmáticos. Son poemas que acompañan y ayudan a vivir a quien los lee, que enseñan a observar mejor, que obligan a ser más compasivo. En los mismos fecundos años en que los Estados Unidos, impulsados por el trascendentalismo de Emerson, producían los ensayos civiles y selváticos de Thoreau, la inquisitiva narrativa psicológica de Hawthorne, el prodigio inmortal de *Moby Dick* o los voluptuosos y magníficos poemas de Whitman, Dickinson iba tejiendo otro tipo de épica, basada en la gloria de lo pequeño, el misterio de lo cotidiano, la universalidad de lo doméstico y de lo privado, la insuperable incomprensibilidad de lo inmediato. Las cosas esenciales de la vida suceden a diario y nunca entenderemos que todo se repita, que haya ciclos y renovación y que en el fondo todo, tanto lo cercano como lo remoto, permanezca intacto ante las sucesivas generaciones de ojos que lo saben escrutar, que siempre han sido pocos, ya que se diría que hay que haber nacido con un don especial para saber ver y decir las cosas evidentes.

«Haber sido inmortal trasciende el llegar a serlo», escribió en una de sus cartas, y ese, como tantos de sus poemas más apegados a lo terrenal, es el testimonio de alguien que supo llegar a la plenitud a través del dolor y el aislamiento. Nunca una persona tan introvertida, tan melancólica y tan familiarizada con la muerte («canto —afirmó— como hace el Niño junto al Cementerio: porque estoy asustada») habrá producido palabras más dichosas, más consoladoras, más definitivas sobre la maravilla de estar vivos aquí y ahora. Y, a pesar de que creía que «de nuestros actos más grandes somos ignorantes», parece que ella, aunque insegura, era consciente de la grandeza de lo que estaba haciendo, ayudada por una soledad interior del tamaño del universo, una forma muy particular de entender a su Dios, una portentosa capacidad de observación, una angustiosa autoexigencia y un afán de perfección que, a su modo, no es menos ambicioso que la obra megalómana —por totalizadora y torrencial— de Whitman. «Mi Tarea es la Circunferencia», llegó a escribir en otra carta a T. W. Higginson, su principal corresponsal.

Reproducimos aquí veintisiete de los mejores poemas de Dickinson, es decir, algunos de los más exactos y más perfectos poemas que se hayan escrito nunca en cualquier idioma, acercados esta vez hasta nosotros por medio de la sensibilidad poética de Enrique Goicolea, y acompañados por las ilustraciones que el talento de Kike de la Rubia ha creado para esta edición, que querríamos que sirviera para dar nuestra despedida a Carlos Pujol, autor de la más hermosa versión de Dickinson al castellano, y también para dar a Bruno Marqués Rodríguez la bienvenida a una existencia tan mágica y sorprendente como esta, y a un mundo que es lo suficientemente extraño y sencillo como para producir poemas tan conmovedores como los que nos esperan al pasar esta página.

Su autora supo decirlo mucho mejor:

[...]
Jugarán otros niños en el prado,
dormirán bajo tierra otros cansancios;
pero la pensativa primavera
como la nieve llegará a su tiempo.

JUAN MARQUÉS
Madrid, febrero de 2012

EL VIENTO COMENZÓ
A MECER LA HIERBA

135

El agua se aprende por la sed;
la tierra, por los océanos atravesados;
el éxtasis, por la agonía.
La paz se revela por las batallas;
el amor, por el recuerdo de los que se fueron;
los pájaros, por la nieve.

¿De quién son estas camitas —les pregunté—
que en los valles están?
Algunas sacudieron sus cabezas
y otras sonrieron,
pero ninguna respondió.

Tal vez no oyeron —dije—.
Preguntaré de nuevo.
¿De quién son las pequeñas camas
que, tan juntas, en la llanura están?

La más pequeña, un poco más allá,
es de Margarita.
Cerca de la puerta, para despertarse el primero,
el pequeño Diente de León.

La de Iris, y la de Aster;
la de Anémona, y la de Campanilla;
la de Bartsia, con la manta roja;
y la de Narciso, el regordete.

Mientras tanto, en muchas cunas,
movía Ella, ligero, su pie;
susurrando la más linda nana
que jamás a un niño arrulló.

¡Silencio! Epigea se despierta.
Crocus mueve sus ropitas.
Rododendro tiene las mejillas carmesí,
¡está soñando con los bosques!

Después, volviéndose con cuidado,
dijo: «Es su hora de dormir.
Los abejorros las despertarán
cuando estén los bosques rojos,
en abril».

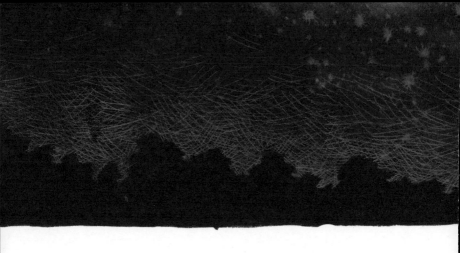

156

Me quieres. Estás segura.
No temeré equivocarme.
No me despertaré engañada
una sonriente mañana
para descubrir que la luz del sol
ha desaparecido,
que los campos están desolados,
¡y que mi amada se ha ido!

No debo inquietarme. Estás segura.
Nunca llegará esa noche
en que, asustada, corro a casa, a tu lado,
y encuentro las ventanas oscuras,
y que no está mi amada.
¿Estás segura? ¿Nunca llegará?

Asegúrate de que estás segura.
Sabes que lo soportaré mejor ahora,
si me lo dices así,
que si, cuando la herida haya curado,
en este dolor que tengo,
me hieres otra vez más.

169

Mirar en la cajita de ébano, con devoción,
cuando los años han pasado,
sacudiendo el aterciopelado polvo
que los veranos han posado.

Levantar una carta hacia la luz,
oscurecida ahora, con el tiempo;
repasar las palabras desvaídas que,
como el vino, un día nos alegraron.

Tal vez, encontrar entre sus cajoncillos
la arrugada mejilla de una flor,
recogida hace mucho, una mañana,
por una galante mano desaparecida.

Un rizo, quizás, de frentes
que nuestra constancia olvidó;
tal vez, un antiguo adorno
de una moda que ya pasó.

Y después, dejarlos reposar de nuevo,
y olvidarnos de ellos,
como si la cajita de ébano
no fuera asunto nuestro.

Dios concede a los laboriosos ángeles
tardes libres para jugar.
Me encontré con uno,
olvidé a mis compañeros,
todo, inmediatamente, por él.

Dios llama a los ángeles, puntualmente,
a la caída del sol.
Perdí al mío.
¡Qué aburridas las canicas
después de haber jugado a las coronas!

«La esperanza» es esa cosa con plumas
que se posa en el alma
y canta una canción sin letra
y nunca, nunca se calla.

Y más dulce suena en el temporal,
y fuerte debe ser la tormenta
que pueda acallar al pajarillo
que a tantos consuela.

Lo he oído en las tierras más frías
y en los más exóticos mares,
aunque jamás me pidió una migaja,
ni en las mayores adversidades.

Nadie conoce esta pequeña rosa.
Podría haber sido una peregrina
si no la hubiera cogido yo de los caminos
y te la hubiera ofrecido a ti.

Solo una abeja la echará de menos,
solo una mariposa,
apresurándose tras un largo viaje
para descansar en su regazo.
Solo un pájaro se preguntará dónde está.
Solo una brisa suspirará.

¡Ah, pequeña rosa, qué fácil,
para alguien como tú, morir!

288

Yo no soy nadie. ¿Quién eres tú?
¿También tú no eres nadie?
¡Entonces ya somos dos!
¡No lo digas! Lo pregonarían, ya sabes.

¡Qué aburrido ser alguien!
¡Qué ordinario! Estar diciendo tu nombre,
como una rana, todo el mes de junio,
a una charca que te contempla.

No puedo estar sola,
pues me visitan multitudes;
incontables visitantes
que irrumpen en mi cuarto.

No tienen ropas, ni nombres,
ni tiempo, ni país;
tienen casas compartidas,
como los gnomos.

Su llegada puede ser anunciada
por mensajeros, en lo interior;
su partida, no,
pues nunca se marchan.

No es que morir nos duela tanto.
Es vivir lo que más nos duele.
Pero morir es algo diferente,
un algo detrás de la puerta.

La costumbre del pájaro de ir al Sur
—antes de que los hielos lleguen
acepta una mejor latitud—.
Nosotros somos los pájaros que se quedan.

Los temblorosos, rondando la puerta del granjero,
mendigando su ocasional migaja
hasta que las compasivas nieves
convencen a nuestras plumas para ir a casa.

Por fin llegará el verano.
Señoras con sombrillas,
señores que pasean con bastones
y niñas con muñecas

colorearán el pálido paisaje
como si fueran un ramillete brillante.
Tras espesuras de blanco intenso
yace hoy el pueblo.

Las lilas se balancearán con su carga púrpura,
inclinadas por los muchos años.
Las abejas no desdeñarán la canción
que zumbaron sus antepasados.

La rosa silvestre que se abre en el pantano
y el aster de la colina
despliegan sus eternas formas.
Y las firmes gencianas se agitan.

Hasta que el verano guarde su milagro,
como las mujeres guardan su vestido
o como los sacerdotes recogen los ornamentos
una vez que el Sacramento ha concluido.

Cuando la Noche está casi acabada
y el Amanecer se aproxima tanto
que podemos percibir las distancias,
es tiempo de alisarnos el pelo

y acariciarnos las mejillas.
Y preguntarnos cómo pudimos preocuparnos
por esa vieja y desvanecida Medianoche
que, hace solo una hora, nos aterrorizó.

Salió una mariposa de su capullo
como sale una dama de su casa una tarde de verano;
yendo de aquí para allá;
sin rumbo, según parecía,

excepto vagar por ahí
en un caprichoso deambular
que los tréboles comprendían.
Su bonita sombrilla fue vista cerrándose

en un campo donde los hombres segaban heno;
después, luchando denodadamente
contra una nube adversa;
y allí donde otras, delicadas como ella,

parecían no ir a ningún lugar
en una circunferencia sin propósito,
como un espectáculo tropical.
Y mientras la abeja trabajaba,

y mientras la flor celosamente brotaba,
esta holgazana multitud
las desdeñaba desde el cielo.
Hasta que el ocaso se extendió,

una constante marea,
y los hombres que segaban el heno,
y la tarde, y la mariposa,
desaparecieron en el mar.

¡Cuántas flores mueren en el bosque
o se marchitan en la colina
sin el privilegio de saber
que son hermosas!

¡Cuántas entregan su anónima semilla
a una brisa cualquiera,
ignorantes del cargamento escarlata
que a otros ojos lleva!

Buenos días, Medianoche.
Vengo a casa.
El Día se cansó de mí.
¿Cómo podría yo cansarme de él?

La Luz del Sol era un lugar placentero.
Yo quería quedarme,
pero el Día ya no me quiere.
Así que, ¡buenas noches, Día!

¿Puedo mirar cuando el poniente
se tiña de rojo? ¿Puedo?
Las montañas tienen entonces
un aire que estremece el corazón.

Tú no eres tan hermosa, Medianoche.
Yo elegí el Día,
pero acoge, por favor, a una Niña
a la que él rechazó.

El viento llamó con golpecitos,
como un hombre cansado.
Y, como una anfitriona, yo
contesté resuelta «Entra».
Entró entonces en mi habitación.

Un veloz convidado, sin pies,
a quien ofrecer una silla
era tan imposible
como ofrecer un sofá al aire.

No tenía huesos que lo sostuvieran.
Su hablar era como la arremetida
de numerosos colibríes a la vez,
desde un fabuloso arbolillo.

Su apariencia, la de una ola.
Sus dedos, al pasar,
producían una música, como melodías
que salían trémulas de un cristal.

Hizo la visita, también revoloteando;
luego, como un hombre tímido,
dio de nuevo unos golpecitos, de forma presurosa;
y yo me quedé sola.

Fue justo en esta época, el año pasado, cuando morí.
Me acuerdo que oí el maíz,
cuando me llevaban, junto a las granjas.
El maíz tenía aún los penachos erguidos;

pensé qué amarillo estaría
cuando fuera al molino Richard.
Y, entonces, quise salir,
pero algo me lo impedía.

Imaginé lo rojas que se verían las manzanas
en los claros de los rastrojos,
y las carretas, parándose por los campos
para recoger las calabazas.

Me preguntaba quién me añoraría menos
y, cuando llegara el Día de Acción de Gracias,
si Padre pondría tantos platos
como solía poner siempre.

Y si estropearía la alegría de la Navidad
el que colgara tan alto mi calcetín,
tanto que ningún Santa Claus pudiera
llegar hasta una altura así.

Todas estas cosas me apenaban,
así que intenté pensar lo contrario.
Cómo, por esta época, algún día perfecto,
ellos vendrían a mi lado.

Yo morí por la Belleza,
pero apenas estaba colocada en la tumba,
cuando uno, que murió por la Verdad,
fue tendido en un cercano lugar.

Me preguntó en voz baja «por qué había muerto».
«Por la Belleza» —respondí—.
«Y yo por la Verdad. Ambas son la misma cosa.
Somos hermanos» —dijo él—.

Y así hablamos desde nuestros aposentos,
como parientes que se encuentran en la noche,
hasta que el musgo alcanzó nuestros labios
y cubrió nuestros nombres.

Yo era la más menuda de la casa.
Me quedé con el cuarto más pequeño.
Por la noche, mi pequeña lámpara, un libro
y un geranio.

Acomodada así, podía recoger la abundancia
que no dejaba de caer.
Y además, mi cesta.
Déjame pensar… sí,
estoy segura de que esto era todo.

Nunca hablaba, a no ser que me preguntaran;
y entonces, escuetamente y bajo.
No podía soportar vivir en voz alta;
el bullicio me azoraba tanto…

Y si no fuera porque hace mucho que pasó,
y si los que yo conocía se hubieran marchado,
a menudo pensé qué inadvertidamente
podría haberme muerto yo.

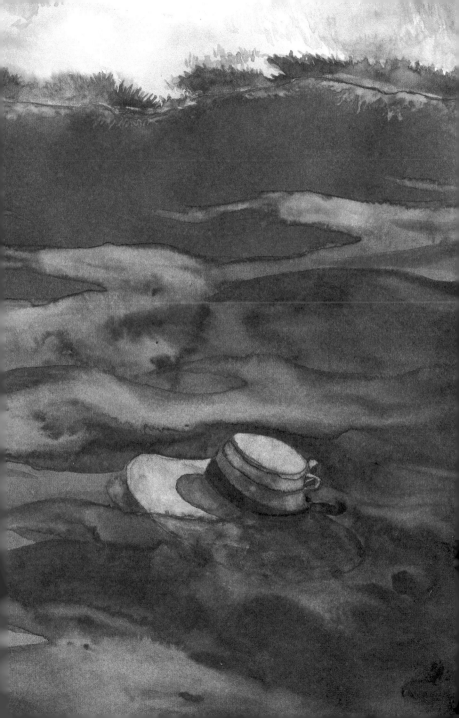

Salí temprano.
Cogí a mi perro y visité el mar.
Las sirenas de las profundidades
salieron para verme,

y las fragatas, en la superficie,
me arrojaron sus manos de cáñamo,
creyendo que yo era un ratón
en las arenas, atrapado.

Pero nadie me sacó.
Y la marea me cubrió los zapatos,
y el delantal, y el cinturón,
y me cubrió el corpiño también.

Y parecía que me iba a tragar,
como si fuera yo una gota de rocío
en la hoja de un diente de león.
Y entonces, yo también me moví.

El mar me seguía de cerca.
Sentía sus ondas de plata
en mi tobillo; después,
mis zapatos rebosaron perlas.

Hasta que llegamos a la ciudad segura.
Él parecía no conocer a nadie allí,
y, saludándome, con una mirada poderosa,
el mar se retiró.

Temo a la persona de pocas palabras.
Temo a la persona silenciosa.
Al sermoneador, lo puedo aguantar;
al charlatán, lo puedo entretener.

Pero con quien cavila
mientras el resto no deja de parlotear,
con esta persona soy cautelosa.
Temo que sea una gran persona.

¡Qué bueno regresar a mis libros!
—término de los fatigados días—.
Casi compensa la abstinencia,
y el dolor se olvida con el placer.

Como aromas que confortan a los invitados
en el banquete, mientras esperan,
esta fragancia aligera el tiempo hasta que llego
a mi pequeña biblioteca.

Puede haber desolación afuera,
lejanos pasos de hombres que padecen,
pero la fiesta suprime la noche
y hay campanas, interiormente.

Doy las gracias a estos Parientes del Estante.
Sus caras apergaminadas
nos enamoran mientras esperamos,
y nos satisfacen al alcanzarlas.

No es necesario ser una habitación
para estar embrujada,
no es necesario ser una casa.
El cerebro tiene pasillos más grandes
que los pasillos reales.

Es mucho más seguro encontrarse a medianoche
con un fantasma exterior
que toparse con ese gélido huésped,
el fantasma interior.

Más seguro correr por una abadía
perseguida por las sepulturas
que, sin luna, encontrarse a una misma
en un lugar solitario.

Nosotros tras nosotros mismos escondidos,
lo que nos produce más horror.
Sería menos terrible
un asesino en nuestra habitación.

El prudente coge un revólver
y empuja la puerta,
sin percatarse de un espectro superior
que está más cerca.

Estar vivo es tener poder.
La existencia, por sí misma,
sin más aditamentos,
es suficiente poderío.

Estar vivo y desear
es ser poderoso como un dios.
Aquel que, siendo mortal,
tal cosa consiguiera,
sería nuestro Creador.

695

Como si el mar se retirara
y mostrara un mar más lejano;
y ese, otro aún más lejano;
y el tercero no fuera sino la conjetura

de series de mares
no visitados por las costas;
y estos mismos, el borde de otros mares.
Esto es la Eternidad.

Dios dio un pan a cada pájaro,
pero solo una migaja a mí.
No me atrevo a comerla,
aunque perezca.

Tenerla, tocarla,
es mi doloroso placer.
Confirmar la hazaña que hizo mío el pedacito.
Demasiado feliz, en mi suerte de gorrión,
para codicia mayor.

Puede haber hambruna en torno mío
que yo no perderé una miguita siquiera.
¡Tan espléndida mi mesa resplandece!
¡Tan hermoso mi granero se muestra!

Me pregunto cómo se sentirán los ricos,
los maharajás, los condes. Yo creo
que, con solo una migaja,
soy soberana de todos ellos.

El viento comenzó a mecer la hierba.
Con ruidos graves y amenazadores
envió una amenaza a la tierra
y otra amenaza al cielo.

Las hojas se desprendieron de los árboles
y se esparcieron por todas partes.
El polvo se arremolinaba,
como agitado por unas manos,
y por el camino se alejaba.

Las carretas se apresuraban en las calles.
El trueno, lentamente, se desató;
el relámpago mostró un pico amarillo
y una lívida garra a continuación.

Los pájaros levantaron
las empalizadas de sus nidos.
El ganado corrió a los establos.

Cayó una gigantesca gota de lluvia, y luego,
como si las manos que sujetan los diques
se hubieran levantado,
las aguas rompieron el cielo,
pero pasaron sobre la casa de mi padre
y solo rompieron un árbol.

THE WIND BEGUN
TO ROCK THE GRASS

135

Water, is taught by thirst.
Land – by the Oceans passed.
Transport – by throe –
Peace – by its battles told –
Love, by Memorial Mold –
Birds, by the Snow.

Whose are the little beds, I asked
Which in the valleys lie?
Some shook their heads, and others smiled –
And no one made reply.

Perhaps they did not hear, I said,
I will inquire again –
Whose are the beds – the tiny beds
So thick upon the plain?

'Tis Daisy, in the shortest –
A little further on –
Nearest the door – to wake the first –
Little Leontodon.

'Tis Iris, Sir, and Aster –
Anemone, and Bell –
Bartsia, in the blanket red –
And chubby Daffodil.

Meanwhile, at many cradles
Her busy foot she plied –
Humming the quaintest lullaby
That ever rocked a child.

Hush! Epigea wakens!
The Crocus stirs her lids –
Rhodora's cheek is crimson,
She's dreaming of the woods!

Then turning from them reverent –
Their bedtime 'tis, she said –
The Bumble bees will wake them
When April woods are red.

156

You love me – you are sure –
I shall not fear mistake –
I shall not cheated wake –
Some grinning morn –
To find the Sunrise left –
And Orchards – unbereft –
And Dollie – gone!

I need not start – you're sure –
That night will never be –
When frightened – home to Thee I run –
To find the windows dark –
And no more Dollie – mark –
Quite none?

Be sure you're sure – you know –
I'll bear it better now –
If you'll just tell me so –
Than when – a little dull Balm grown –
Over this pain of mine –
You sting – again!

In Ebon Box, when years have flown
To reverently peer,
Wiping away the velvet dust
Summers have sprinkled there!

To hold a letter to the light –
Grown Tawny now, with time –
To con the faded syllables
That quickened us like Wine!

Perhaps a Flower's shrivelled check
Among its stores to find –
Plucked far away, some morning –
By gallant – mouldering hand!

A curl, perhaps, from foreheads
Our Constancy forgot –
Perhaps, an Antique trinket –
In vanished fashions set!

And then to lay them quiet back –
And go about its care –
As if the little Ebon Box
Were none of our affair!

God permits industrious Angels –
Afternoons – to play –
I met one – forgot my Schoolmates –
All – for Him – straightway –
God calls home – the Angels – promptly –
At the Setting Sun –
I missed mine – how dreary – Marbles –
After playing Crown!

«Hope» is the thing with feathers –
That perches in the soul –
And sings the tune without the words –
And never stops – at all –

And sweetest – in the Gale – is heard –
And sore must be the storm –
That could abash the little Bird
That kept so many warm –

I've heard it in the chillest land –
And on the strangest Sea –
Yet, never, in Extremity,
It asked a crumb – of Me.

35

Nobody knows this little Rose –
It might a pilgrim be
Did I not take it from the ways
And lift it up to thee.
Only a Bee will miss it –
Only a Butterfly,
Hastening from far journey –
On its breast to lie –
Only a Bird will wonder –
Only a Breeze will sigh –
Ah Little Rose – how easy
For such as thee to die!

288

I'm Nobody! Who are you?
Are you – Nobody – Too?
Then there's a pair of us!
Don't tell! they'd advertise – you know!

How dreary – to be – Somebody!
How public – like a Frog –
To tell one's name – the livelong June –
To an admiring Bog!

298

*A*lone, I cannot be −
For Hosts − do visit me −
Recordless Company −
Who baffle Key −

They have no Robes, nor Names −
No Almanacs − nor Climes −
But general Homes
Like Gnomes −

Their Coming, may be known
By Couriers within −
Their going − is not −
For they've never gone −

335

'Tis not that Dying hurts us so –
'Tis Living – hurts us more –
But Dying – is a different way –
A Kind behind the Door –

The Southern Custom – of the Bird –
That ere the Frosts are due –
Accepts a better Latitude –
We – are the Birds – that stay.

The Shiverers round Farmers' doors –
For whose reluctant Crumb –
We stipulate – till pitying Snows
Persuade our Feathers Home.

It will be Summer – eventually.
Ladies – with parasols –
Sauntering Gentlemen – with Canes –
And little Girls – with Dolls –

Will tint the pallid landscape –
As 'twere a bright Bouquet –
Tho' drifted deep, in Parian –
The Village lies – today –

The Lilacs – bending many a year –
Will sway with purple load –
The Bees – will not despise the tune –
Their Forefathers – have hummed –

The Wild Rose – redden in the Bog –
The Aster – on the Hill
Her everlasting fashion – set –
And Covenant Gentians – frill –

Till Summer folds her miracle –
As Women – do – their Gown –
Or Priests – adjust the Symbols –
When Sacrament – is done –

When Night is almost done –
And Sunrise grows so near
That we can touch the Spaces –
It's time to smooth the Hair –

And get the Dimples ready –
And wonder we could care
For that old – faded Midnight –
That frightened – but an Hour –

From Cocoon forth a Butterfly
As Lady from her Door
Emerged – a Summer Afternoon –
Repairing Everywhere –

Without Design – that I could trace
Except to stray abroad
On Miscellaneous Enterprise
The Clovers – understood –

Her pretty Parasol be seen
Contracting in a Field
Where Men made Hay –
Then struggling hard
With an opposing Cloud –

Where Parties – Phantom as Herself –
To Nowhere – seemed to go
In purposeless Circumference –
As 'twere a Tropic Show –

And notwithstanding Bee – that worked –
And Flower – that zealous blew–
This Audience of Idleness
Disdained them, from the Sky –

Till Sundown crept – a steady Tide –
And Men that made the Hay –
And Afternoon – and Butterfly –
Extinguished – in the Sea –

404

How many Flowers fail in Wood –
Or perish from the Hill –
Without the privilege to know
That they are Beautiful –

How many cast a nameless Pod
Upon the nearest Breeze –
Unconscious of the Scarlet Freight –
It bear to Other Eyes –

425

Good Morning – Midnight –
I'm coming Home –
Day – got tired of Me –
How could I – of Him?

Sunshine was a sweet place –
I liked to stay –
But Morn – didn't want me – now –
So – Goodnight – Day!

I can look – can't I –
When the East is Red?
The Hills – have a way – then –
That puts the Heart – abroad –

You – are not so fair – Midnight –
I chose – Day –
But – please take a little Girl –
He turned away!

The Wind – tapped like a tired Man –
And like a Host – «Come in»
I boldly answered – entered then
My Residence within

A Rapid – footless Guest –
To offer whom a Chair
Were as impossible as hand
A Sofa to the Air –

No Bone had He to bind Him –
His Speech was like the Push
Of numerous Humming Birds at once
From a superior Bush –

His Countenance – a Billow –
His Fingers, as He passed
Let go a music – as of tunes
Blown tremulous in Glass –

He visited – still flitting –
Then like a timid Man
Again, He tapped – 'twas flurriedly –
And I became alone —

'*T*was just this time, last year, I died.
I know I heard the Corn,
When I was carried by the Farms –
It had the Tassels on –

I thought how yellow it would look –
When Richard went to mill –
And then, I wanted to get out,
But something held my will.

I thought just how Red – Apples wedged
The Stubble's joints between –
And the Carts stooping round the fields
To take the Pumpkins in –

I wondered which would miss me, least,
And when Thanksgiving, came,
If Father'd multiply the plates –
To make an even Sum –

And would it blur the Christmas glee
My Stocking hang too high
For any Santa Claus to reach
The Altitude of me –

But this sort, grieved myself,
And so, I thought the other way,
How just this time, some perfect year –
Themself, should come to me –

449

I died for Beauty – but was scarce
Adjusted in the Tomb,
When One who died for Truth was lain
In an adjoining Room –

He questioned softly 'Why I failed'?
'For Beauty,' I replied –
'And I – for Truth – Themself are One –
We brethren, are', He said –

And so, as Kinsmen, met a Night –
We talked between the Rooms –
Until the Moss had reached our lips –
And covered up – our names –

486

I was the slightest in the House –
I took the smallest Room –
At night, my little Lamp, and Book –
And one Geranium –

So stationed I could catch the Mint
That never ceased to fall –
And just my Basket –
Let me think – I'm sure –
That this was all –

I never spoke – unless addressed –
And then, 'twas brief and low –
I could not bear to live – aloud –
The Racket shamed me so –

And if it had not been so far –
And any one I knew
Were going – I had often thought
How noteless – I could die –

520

I started Early – Took my Dog –
And visited the Sea –
The Mermaids in the Basement
Came out to look at me –

And Frigates – in the Upper Floor
Extended Hempen Hands –
Presuming Me to be a Mouse –
Aground – upon the Sands –

But no Man moved Me – till the Tide
Went past my simple Shoe –
And past my Apron – and my Belt
And past my Bodice – too –

And made as He would eat me up –
As wholly as a Dew
Upon a Dandelion's Sleeve –
And then – I started – too –

And He – He followed – close behind –
I felt His Silver Heel
Upon my Ankle – Then my Shoes
Would overflow with Pearl –

Until We met the Solid Town –
No One He seemed to know –
And bowing – with a Mighty look –
At me – The Sea withdrew –

I fear a Man of frugal Speech –
I fear a Silent Man –
Haranguer – I can overtake –
Or Babbler – entertain –

But He who weigheth – While the Rest –
Expend their furthest pound –
Of this Man – I am wary –
I fear that He is Grand –

604

Unto my Books – so good to turn –
Far ends of tired Days –
It half endears the Abstinence –
And Pain – is missed – in Praise –

As Flavors – cheer Retarded Guests
With Banquettings to be
So Spices – stimulate the time
Till my small Library –

It may be Wilderness – without –
Far feet of failing Men –
But Holiday – excludes the night –
And it is Bells – within –

I thank these Kinsmen of the Shelf –
Their Countenances Kid
Enamor – in Prospective –
And satisfy – obtained –

One need not be a Chamber – to be haunted –
One need not be a House –
The Brain has Corridors – surpassing –
Material Place –

Far safer, of a Midnight Meeting
External Ghost,
Than an interior Confronting –
That Cooler Host.

Far safer, through an Abbey gallop,
The Stones a'chase –
Than Unarmed, one's a'self encounter –
In lonesome Place –

Ourself behind ourself, concealed –
Should startle most –
Assassin hid in our Apartment
Be Horror's least.

The Body – borrows a Revolver –
He bolts the Door –
O'erlooking a superior spectre –
Or More –

To be alive – is Power –
Existence – in itself –
Without a further function –
Omnipotence – Enough –

To be alive – and Will!
'Tis able as a God –
The Maker – of Ourselves   be what –
Such being Finitude!

695

As if the Sea should part
And show a further Sea –
And that – a further – and the Three
But a presumption be –

Of Periods of Seas –
Unvisited of Shores –
Themselves the Verge of Seas to be –
Eternity – is Those –

God gave a Loaf to every Bird –
But just a Crumb – to me –
I dare not eat it – tho' I starve –
My poignant luxury –

To own it – touch it –
Prove the feat – that made the Pellet mine –
Too happy – for my Sparrow's chance –
For Ampler Coveting –

It might be Famine – all around –
I could not miss an Ear –
Such Plenty smiles upon my Board –
My Garner shows so fair –

I wonder how the Rich – may feel –
An Indiaman – an Earl –
I deem that I – with but a Crumb –
Am Sovereign of them all –

The Wind begun to rock the Grass
With threatening Tunes and low –
He threw a Menace at the Earth –
A Menace at the Sky.

The Leaves unhooked themselves from Trees –
And started all abroad
The Dust did scoop itself like Hands
And threw away the Road.

The Wagons quickened on the Streets
The Thunder hurried slow –
The Lightning showed a Yellow Beak
And then a livid Claw.

The Birds put up the Bars to Nests –
The Cattle fled to Barns –
There came one drop of Giant Rain
And then as if the Hands

That held the Dams had parted hold
The Waters Wrecked the Sky,
But overlooked my Father's House–
Just quartering a Tree–

ÍNDICE DE PRIMEROS VERSOS